AF475499

EXTRAIT DE LA REVUE DU NORD, N° 9, DE 1837.

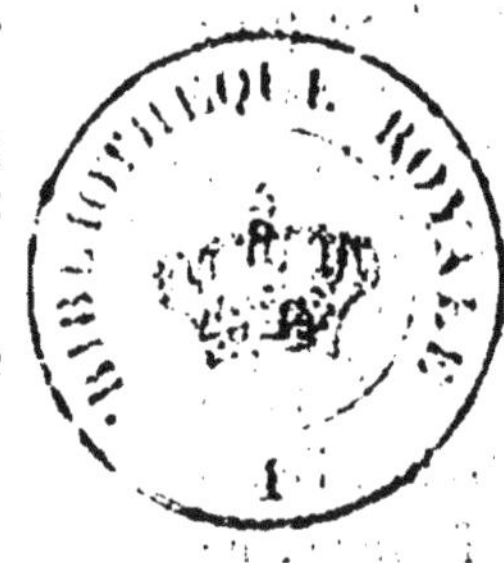

SIGALON

ET

SES OUVRAGES.

Il y a peu de temps, nous sortions à peine de la joie que nous avait causé le retour d'un des hommes que nous aimions le plus; nous avions à peine recueilli de sa bouche les récits animés et les impressions encore vives de sa longue absence; nous n'avions jeté qu'un regard sur les richesses qu'il avait apportées, et déjà il repartait pour en conquérir de nouvelles par sa patience et son travail obstiné.

Cependant il partait triste et avec je ne sais quel mauvais pressentiment. — Il avait cru peut-être qu'un constant sacrifice à son art, qu'une longue abnégation de lui-même lui aurait donné droit, sinon à une pleine justice, du moins à une certaine bienveillance, et il avait dû sentir qu'il s'était trompé de beaucoup. En effet, pour le récompenser de tant d'efforts et de tant de succès dans son entreprise, on ne lui avait montré que de l'indifférence. Et si quelque chose devait lui faire sentir davantage tout ce qu'il y a de poignant pour les hommes forts, dans le mépris où nous en sommes venus pour les œuvres les plus grandes, c'était assurément d'avoir vu par lui-même combien le public était resté froid et inintelligent devant la page colossale et consacrée dont il était le traducteur. —

2

Notre précieux ami, malgré son expérience, n'avait pas dû s'y attendre, car les hommes d'élite savent se préparer et se résigner à tout pour eux-mêmes, mais ils s'habituent mal à prévoir l'injure pour les objets de leur vénération et de leur foi. Or, l'injure avait été trop flagrante, pour cette œuvre inouie qui dépassa tout, et ne sera jamais dépassée ; qui, à elle seule, ouvre et clôt l'histoire de notre art. — La critique la plus distraite, l'examen le plus insolent, et pis encore, l'indifférence, ne l'ont point épargnée. Des jeunes gens de ce temps-ci ont eu la hardiesse de ne point trouver assez robuste l'œuvre de la virilité de Michel-Ange. Des vieillards de ce temps-ci ont osé suspecter ou même blâmer la science du vieillard florentin ; et le public écoutant ces doutes et ces vanteries, ne savait pas même arriver à se faire une opinion injuste. La peinture, elle aussi, serait-elle donc une chose morte à présent, un rameau pourri du passé, dont la civilisation moderne devrait purger le champ qu'elle améliore tous les jours? Cela peut bien être ; mais si on l'eût dit aussi nettement à notre ami, on lui eût probablement épargné trente ans de martyre et d'angoisses. En présence de l'affront essuyé par le maître, l'élève si souvent maltraité pouvait se rappeler avec un certain orgueil les affronts qu'il avait lui-même subis ; mais il devait comprendre aussi, que puisque le manteau royal de Michel-Ange l'avait si peu protégé, il n'en serait que plus attaqué lorsqu'il aurait quitté cet abri. Il devait s'apercevoir que certaines personnes n'en ont jamais fini avec la fatigue et le malheur. Cependant, quoique ses espérances fussent à jamais détruites, son inépuisable courage restait le même, il le prenait en lui.

Le dernier jour où nous le vîmes, nous lui disions de se hâter et de revenir bientôt, affranchi de sa rude tâche, entreprendre ici quelque beau travail, auquel tant de titres devaient désormais infailliblement l'appeler. Vous allez bientôt, lui disions-nous, pouvoir reparaître avec votre forte individualité d'artiste, si noblement abjurée pendant cinq ans... Vous n'aurez rien perdu de votre énergie, les ressources qui vous ont toujours manqué vous seront offertes, et quoique vous ne puissiez jamais prétendre à la haute estime dont on décore les faiseurs de riens, l'attention du public, mieux éveillée sur votre talent, vous promet une carrière plus facile et une vie plus heureuse.—« Vous m'êtes trop attaché, répondait-il, pour bien voir les choses. J'ai gagné mon bâton de maréchal: un morceau de pain.... C'est une victoire immense, puisqu'une lutte de trente ans ne me l'eût point donnée, sans le hasard le plus inespéré. Que voulez-vous que j'attende de plus? Je travaillerai certainement jusqu'à ma dernière heure, et j'espère que les rares suffrages qui m'ont toujours soutenu, me seront conservés. Mais pour me monter la tête comme un enfant, ou me gonfler de la fatuité d'un parvenu, Dieu m'en garde! parce que Michel-Ange m'a préservé de mourir à l'hôpital, voulez-vous que je le force à me faire vivre dans un palais? Je dois faire de la peinture dans mon coin, pour mes amis et moi; il faut épargner au public, quand on le peut, de durs jugemens sur les œuvres consciencieuses et les hommes méritans. — D'ailleurs, n'en avais-je pas pris le parti avant d'avoir ma bonne fortune? et qu'avez-vous donc vu qui doive me faire revenir sur cette résolution? — J'aurais aimé que l'on comprît davantage la grande œuvre que j'ai reproduite; j'aurais aimé lui faire moins de tort, mais je savais d'avance la part qu'on me ferait. Seulement j'ignorais ce qui attendait Michel-Ange..... Pour clore ma vie extérieure, c'est assez d'un tel avertissement. »

Après l'avoir quitté plein d'émotion, et cherchant à saisir dans les replis de la noble dignité de l'honnête homme, les véritables impressions de l'artiste supérieur, nous restâmes convaincus que cette âme forte et si profondément déchirée, était encore plus résignée à la défaite que lasse de la lutte.

Un mois après, Sigalon était mort!

Maintenant le public se porte en foule devant son gigantesque et dernier travail, et l'admire sans restriction. Maintenant les amis des arts regrettent de ne point compter parmi leurs richesses, quelques traits échappés à sa main. Maintenant le public exige qu'on exhume et qu'on place comme elle le mérite, sa *Vision de saint Jérôme*, si indignement reléguée dans le coin le plus obscur d'une chambre du Musée du Luxembourg. Maintenant, on demande que sa toile roulée d'Athalie, se déploie pour reparaître avec honneur là même où Sigalon reçut à son sujet de si poignans outrages.

Pourquoi cette foule, ce concours et cette admiration si vive aujourd'hui? Les œuvres de Sigalon sont-elles devenues meilleures, ou l'intelligence du public a-t-elle grandi? Il n'en est rien; c'est le cours stupide et normal des choses. Ce sont les absurdes arrêts de la fatalité. Si le pauvre Sigalon eût vu son œuvre accueillie comme elle méritait de l'être, il se fût peut-être reposé davantage ici; il eût peut-être puisé dans ce triomphe la volonté et la force de résister au mal; la santé de l'âme eût peut-être écarté la maladie du corps. Mais c'eût été contre l'ordre du destin et des satisfactions publiques. Sa ville natale n'aurait pas pu lui élever un tombeau de marbre, et y inscrire ces mots : « A Sigalon, sa patrie reconnaissante. »

Quoi qu'il en soit, puisqu'on veut bien aujourd'hui s'enquérir de cet homme, savoir d'où il venait, et comment il était venu, il reste un pieux devoir à ceux qui, comme nous, l'ont aimé et qu'il aima : c'est d'enregistrer sa vie, ses mérites, ses souffrances, afin que la postérité recueille quelque chose de plus que la possession de ses œuvres, et qu'elle sache mieux à qui elle les doit.

La vie d'un artiste aussi laborieux que Sigalon, se résume dans ses ouvrages, et n'offre d'ordinaire rien de bien saillant. Toutefois nous avons été à même de recueillir quelques détails inconnus, détails touchans et précieux, maintenant que l'obscur et modeste ouvrier s'appelle un homme de génie, parce que la mort a consacré ses travaux. Nous sommes sûrs d'ailleurs d'être bien venus à prendre sur nous de révéler les souffrances intimes d'un ami, puisqu'elles appelleront sans danger les sympathies bienfaisantes pour un homme plein de réserve et de fierté, et qu'il ne s'agit plus de le recommander ou de le soulager.

Xavier Sigalon naquit à Uzès, dans les Cévennes, en 1790. Il avait fait d'assez pauvres études, mais où entraient sans doute pour beaucoup, les premiers élémens du dessin, tels qu'on peut les acquérir dans les petites villes de nos départemens reculés. Sans état et sans fortune, il occupa successivement quelqu'emploi de surveillant dans un collége, et quelque place de commis dans les droits réunis, ou dans une municipalité. Sa vie fut d'abord oscillante et agitée, comme celle de tous les hommes ardens, destinés à de grandes choses, et resserrés dans d'étroites limites. Sa passion pour la peinture, refoulée chez lui par la misère et le manque d'exemples, se faisait cependant issue dès lors, par bon nombre de dessins et de tableaux. Jamais depuis il ne parla de ces ouvrages qu'avec dégoût. Nous n'en avons rien vu, et cependant nous nous refusons à en faire aussi peu de cas que lui : les essais d'hommes aussi forts peuvent se mieux apprécier par de moins bons yeux que les leurs. Il allait donc, ornant çà et là dans son pays les églises de village, et son génie enfant, a bien su se révéler dans quelques uns de ces essais ; car Sigalon était déjà réellement en marche, s'initiant de bonne heure au travail et à la peine. Cependant l'humidité de ces sortes d'ateliers lui donnait les premières atteintes de ces rhumatismes atroces, qui plus tard enchaînèrent si souvent son assiduité.

Nous aurions pu recueillir de la naïve expansion de Sigalon, bien d'autres particularités sur sa jeunesse, mais nous n'attachions peut-être pas assez d'importance à ces commencemens, qui ressemblaient à ceux de presque tous les jeunes artistes sans fortune et sans appui. Ce que nous savons, c'est que sa réelle apparition dans sa carrière date de son arrivée à Paris, et qu'il avait alors au moins trente ans.

Il fut accueilli avec joie, et traité en frère, par un compatriote, son ami d'enfance, M. Souchon, qui a été disciple de David, qui a beaucoup étudié les vieux maîtres, et qu'une manière toute particulière d'envisager la vie, a seule pu éloigner des grands succès. Cet artiste, travailleur consciencieux et savant, a beaucoup aidé Sigalon de ses conseils, dans ce temps-là et toujours. On pourrait dire que notre ami fut son élève, au moins pour la partie théorique qui s'apprend, si de tels hommes pouvaient être élèves de quelqu'un.

Cependant un vague désir de patronage et d'appui, le fit entrer chez l'académicien Guérin, mais il sentit bientôt qu'il n'avait rien à faire là. Et de même que Géricault, Bonington et M. Delacroix, il n'y resta guère.

Il avait déjà un beau talent, dont le caractère distinctif était l'énergie. La constance était sa faculté supérieure, et la justesse du coup d'œil son aide essentiel. Dépourvu de science acquise, incapable de peindre de mémoire, sans facilité, sans adresse, son travail d'après nature était lent, coûteux et pénible. Difficile à se contenter lui-même, il aurait vite suspecté ce qu'il eût fait facilement. A peine a-t-il dû laisser deux ou trois esquisses ou ébauches. Mais la gaucherie de Sigalon était celle d'un maître, et si difficiles que fussent les choses, il les abordait cependant avec audace. Sa verve et son en-train ne tarissaient pas; après un mois de travail sans relâche, il posait sur une tête les dernières finesses avec la même franchise et le même emportement qu'il avait mis à l'ébaucher. Qui l'aurait vu travailler une seule fois, l'aurait pris pour un peintre fougueux et habile; il était seulement résolu et tenace.

Son ami Souchon, très sévère dessinateur, comme l'intimité de son atelier nous l'a fait connaître, l'engagea beaucoup dans le temps à copier les anciens maîtres, et à étudier à fond l'anatomie et les antiques. Mais l'âge de Sigalon lui imposait la nécessité d'arriver vite; en outre, il avait peut-être plus que M. Souchon, la volonté de se créer un style original, et une exécution qui lui fût propre. On en était d'ailleurs venu à douter de l'infaillibilité de la théorie davidienne, et déjà quelques jeunes gens, avec lesquels Sigalon s'était mis en rapport, s'apprêtaient à la lutte, afin d'essayer de ramener l'école à une direction moins conventionnelle et moins arbitraire, en s'appuyant davantage sur la réalité. Cependant Sigalon, par la tournure de son esprit, par la modestie de son ambition, par son sens droit, et ses habitudes consciencieuses et réfléchies, ne devait pas s'écarter aussi brusquement que d'autres de la tradition. Il devait prendre un parti mixte, c'est-à-dire s'affranchir successivement des recettes étroites et des pâles inspirations de la routine, mais retenir quelque chose de la marche méthodique et des procédés réguliers de l'école antérieure. Sauf les différences résultant de leurs aptitudes personnelles et de leurs tempéramens, le point de vue de Géricault et de Sigalon a été le même; et tous les deux ont gardé avec l'école de David de plus sérieuses attaches qu'on ne le croit en général, Géricault surtout, dont le développement complet fut arrêté par sa mort si prématurée. Le talent de Géricault, vraisemblablement parce qu'il s'adaptait davantage à des sujets plus modernes et plus sympathiques, et parce qu'il reçut plus tôt sa fatale sanction, fut accepté par le public avec plus de facilité que celui de Sigalon; mais on doit croire, si l'on veut y réfléchir, que ces deux hommes forts auraient marché assez parallèlement, s'ils eussent rencontré les mêmes circonstances intimes. Que l'on se reporte à l'apparition du *Naufrage de la Méduse* et de la *Locuste*, on verra que ces deux ouvrages ne soulevèrent, tous les deux, que d'assez indifférentes controverses. Les jeunes gens tenaient en réserve leur enthousiasme pour des novateurs moins respectueux, plus tranchans; et les partisans de l'ancien régime pittoresque gardaient leur grande colère pour de plus insolens assauts.

Sigalon étudia les maîtres dans de fréquentes visites au Louvre, mais il n'y fit aucune copie. Il se borna aussi à examiner attentivement quelques préparations anatomiques, mais il ne toucha pas le scalpel; ses études positives se bornèrent à quelques têtes et à quelques mains peintes d'après nature avec une application nerveuse et volontaire, et à quelques dessins à l'estompe, d'après les plâtres, sur lesquels il s'était véritablement acharné. Nous avons admiré souvent ces fragmens qui traînaient dans son atelier. C'est de ce point qu'il procéda à ses œuvres.

On peut en commencer la série par le portrait du général Teste, son compatriote, près duquel sont groupés deux jeunes officiers. Cette peinture est un peu maigre, à cause de la trop grande précision, mais elle est fort bien entendue de lignes et d'effets. Elle n'a jamais été exposée.

En 1822, il mit au Louvre sa *courtisane*, qui plut généralement, fut achetée et placée au Luxembourg, et qui a été gravée depuis par Reynolds. Ce n'est pas là certes une œuvre très forte, quoiqu'elle soit méritante, et qu'il y ait d'heureuses parties; mais elle a été, pour Sigalon, son premier encouragement, son succès le plus complet et le plus lucratif, bien qu'il en ait été peu parlé, et qu'on la lui ait payée fort peu cher. C'est une réminiscence des maîtres, un motif gracieux mais de peu de portée, un compromis entre le Valentin et les peintres coquets de l'autre siècle. Aussi l'a-t-on beaucoup copiée, et la copiera-t-on long-temps, surtout les miniaturistes, et les jeunes personnes qui s'adonnent à la peinture. — *La Courtisane* est aussi une preuve que, si notre ami eût moins tenu au progrès de son talent, et su abdiquer sa conscience qui l'appelait à des œuvres plus sévères et plus durables, il eût pu, tout comme un autre, se vendre aux engouemens de la bourgeoisie.

Mais Sigalon montait sa palette pour une scène plus grave et moins accessible à l'appréciation vulgaire. En 1824, il exposa sa *Locuste*.

Les passions jalouses et les rancunes d'école n'étaient pas encore armées contre lui, et l'on devait assez sincèrement accepter une composition sérieuse, élaborée avec soin, et profondément méditée. La *Locuste* eut donc une réussite entière. Ce tableau, il faut le dire, devait être aussi le chef-d'œuvre de Sigalon; non pas qu'il n'eût plus de progrès à faire, ni de qualités à acquérir, mais parce qu'il allait bientôt perdre, malgré son énergie, cette large confiance en soi, et cette entière indépendance, double mobile sans lequel il ne saurait y avoir d'œuvres absolument belles. En effet, Sigalon, pour la première et dernière fois, avait pu écrire aussi franchement sur sa toile, son individualité et son organisation originale. Il avait entrepris cette belle page, plein de confiance et d'espoir. Et ce n'était pas là le mouvement d'une âme faible, et l'illusion naïve de l'inexpérience et de la jeunesse. C'était au contraire, la persuasion judicieuse et calme du bon sens; car, malgré ses longues souffrances et l'ennui d'une vie si lente à se déployer, Sigalon savait attendre. Souvent il nous avait dit, avant l'exposition de 1824 : « On me plaint à tort. Je n'épouse pas le dépit de mes amis; on souffre toujours assez long-temps, sans doute, mais enfin, quand on n'a pas choisi un métier à rase terre, et qu'on poursuit une carrière difficile, il faut d'abord faire son apprentissage, et apporter une œuvre première qui vous recommande. Quand je l'aurai fournie, pourquoi voulez-vous qu'on ne soit pas juste avec moi? » Mais le malheureux ignorait qu'il y a des êtres marqués par la fatalité, pour lesquels il ne saurait y avoir ni bons calculs ni légitimes attentes. Ainsi, malgré le mérite réel de la *Locuste*, malgré son succès incontesté, malgré les feuilletons sonores qui l'exaltaient, surtout l'article de M. Thiers, qui commençait par cette exclamation : « *Un grand peintre est né à la France !* » l'exposition se ferma sur Sigalon, sans lui avoir apporté la moindre promesse d'un avenir meilleur, ni le moindre allégement à sa position présente. Sa toile rentra dans son atelier désert, et il se trouva en présence de son travail de deux années, dans le plus complet dénuement.

Que pouvait penser notre artiste, et que roulait-il dans sa tête? L'habitude du travail et ses principes honnêtes l'ont sauvé, sans doute. Sans pain, sans feu, sans toile, il se mit à faire quelques dessins, des espèces d'aquarelles, pleines d'énergie et de caractère, beaucoup plus importantes, par le motif et l'exécution, qu'on ne les fait ordinairement. Portées à l'encan, devant nos appréciateurs les plus habiles et nos amateurs les plus éclairés, ces magnifiques études d'un maître, restaient sur la table et sans enchérisseur, à la mise à prix de 20 ou de 40 fr. Cependant Sigalon, toujours calme, toujours affable et facile, toujours sobre de plaintes, prenait sur son sommeil, et préparait les cartons d'une œuvre colossale, de sa future *Athalie.*

M. Laffitte fut informé, par le zèle de quelqu'ami, de cette position, et ce banquier qui sut toujours faire un noble emploi de sa richesse, fit offrir à Sigalon 6000 fr. de son tableau, déjà oublié et retourné contre le mur.

Mais Sigalon dut sans cesse acheter un moment de bonheur par un prochain déboire. M. Laffitte n'avait pas de galerie, et avait placé la *Locuste* dans ses appartemens; sa femme, tout en admirant le talent du peintre, ne pouvait supporter l'aspect d'une scène aussi cruelle, il fut obligé de renvoyer le tableau à Sigalon, en le priant de lui faire à son loisir, et pour le même prix, quelque chose dont le sujet pût mieux convenir.

Le consciencieux Sigalon le liquida, puis commença son *Athalie.* Cette œuvre de longue haleine, hérissée de difficultés, interrompue par la maladie, épuisa bien avant son achèvement les ressources qui lui restaient. Toutefois il tint ferme, et son *Athalie* terminée en temps utile, fut exposée.

Cette fois le mal fut plus grand encore.

Pour quiconque aime les arts et sympathise avec le talent, ce serait quelque chose de hideux à examiner que ce poignant mécompte. Une œuvre magique, forte et solennelle dans l'étroit atelier de Sigalon, apparut pâle, éteinte et sans ressort, sous les reflets écrasans de ces peintures vicieuses, scintillantes et nacrées, qui foisonnent au grand jour du Louvre, et qui recommandent si peu notre école. Les amis de Sigalon restèrent pleins de surprise et hésitèrent, tandis que les passions viles s'enhardirent. — Ce jour-là cet artiste, qui nous avait fait deux chefs-d'œuvre, et qui pouvait nous en laisser tant d'autres, fut tué moralement. — Il avait connu la faim et la fatigue, il devait connaître l'humiliation et les injures! Il se trouva des hommes que nous ne devons pas craindre de signaler, parce que leur victime est morte, et qu'il n'y a plus de menace sur elle; il se trouva des hommes qui eurent pour cet infortuné des paroles inouies et lâches. Infériorités intrigantes et subalternes, natures basses, qui croient se grandir par l'insolence. — Sigalon, dix ans après son désastre, un mois avant sa mort, avait encore la face chaude et la lèvre contractée en se rappelant ces outrages.

Sigalon s'enferma dans son atelier, et fit quelques portraits pour vivre. Il avait abandonné ses rêves d'avenir et de gloire. Il commentait à l'aise, avec quelques amis qui étaient pour lui une seconde conscience, les dernières paroles officielles qui vibraient toujours à ses oreilles: « Monsieur, quand on ne sait pas son métier, on l'apprend. »

Cependant, plusieurs personnes graves et distinguées le consolèrent un peu. Plusieurs voulurent bien se faire peindre par ce malencontreux ouvrier, dont personne ne voulait. Le docteur Moreau lui amena sa mère, vieille dame de la physionomie la plus expressive, et M. Schœlcher, noble et austère vieillard, posa aussi dans son atelier. — Ces deux portraits sont de magnifiques peintures, et la postérité les retrouvera un jour, dans quelque galerie nationale.

La révolution de juillet arriva, Sigalon avait quarante ans. Le vent soufflait alors à la réforme, et on pensait décidément à faire quelque chose pour ceux que, dans les bureaux, on appelle les jeunes gens. Sigalon reçut la croix. Il reparut, en 1831, avec sa *Vision de saint Jérôme* et son *Calvaire*. Ces deux tableaux lui avaient été commandés pour un vil prix, et il y avait apporté toute la recherche et toute l'étude de ses vigoureux commencemens. L'opinion publique était un peu mieux disposée à connaître, cette fois, les qualités qu'elle avait mal appréciées dans ses premiers ouvrages.

Malgré tout cela, le métier le ruinait, et sa position n'était plus tenable à Paris. Sigalon retourna à Nîmes, plus pauvre qu'il n'en était sorti, non pas pour y vivre plus sobrement, la chose n'était pas possible, mais pour y trouver des leçons de dessin et des portraits, à l'ombre de quelques protections provinciales.

Il y était quand M. Thiers, voulant signaler son ministère par quelque grande entreprise d'art, pensa à lui pour lui faire copier, dans la chapelle Sixtine, le Jugement dernier et les autres fresques de Michel-Ange, qu'il avait à cœur de naturaliser chez nous et de placer dans le palais des Beaux-Arts, dont il avait si fort poussé les travaux. Plusieurs peintres, mieux accrédités que Sigalon, avaient refusé cette rude tâche, soit qu'ils regardassent une copie comme au-dessous d'eux, soit qu'ils comprissent les difficultés et prévissent les déboires.

Sigalon partit pour Rome. Il y travailla comme un géant, et en moins de quatre ans il eut fini.

Jamais la conscience et la résignation n'ont pu être poussées plus loin. Cet homme ardent, qui s'était frayé une si large route, qui avait payé si cher le droit d'avoir un talent à lui et un goût individuel, s'abdiqua complètement devant le génie antique, et sut se faire le contemporain d'un autre siècle, pour se familiariser avec une œuvre sublime. Cette immense réalisation du moyen-âge, séparée de nous par la distance du sentiment religieux que nos temps ont perdu, et par l'oubli des traditions sévères, d'un art que notre impuissance a laissé périr, fut lisible au sens droit et au talent modeste de Sigalon. Ecolier pieux, dans ce temps-ci, de maîtres qu'il eût égalé s'il fût né dans des temps meilleurs, il sut se tenir à la hauteur de l'immortel Florentin, et le suivre avec autant de respect que de véritable puissance dans ses voies ardues. Sa brosse laborieuse suivit les mâles contours du plus mâle dessinateur. Quand son œil découvrait avec peine, sous la poussière séculaire soulevée par les *funzioni* papales, les brusques indications du grand maître, il s'aidait du doigt, et retrouvait gravées sur le mur, par le burin de l'impatient Michel-Ange, les formes perdues pour tout autres yeux que les siens. Enfin, ce travail exorbitant, qui avait demandé tant d'instinct, de patience, de force et de vouloir, fut achevé. Et dans toute cette masse, pas une figure cachée, pas une fugace indication qui rappelât une touche, une ligne qui se pût attribuer à l'exécution connue de Sigalon. Partout Sigalon coïncide et adhère, couché, comme un calque, sur le grand Michel-Ange.

Sigalon revint ; il était plein de vigueur, de santé et d'espérance. Cet homme de fer, qui ne connut jamais la lassitude, se peint lui-même, d'après nature, dans cet adieu au formidable enfantement qui couronna l'art catholique du moyen-âge.

« Maintenant, dit il, que je contemple plus à l'aise, et sans la préoccupation de mon propre travail, l'immense tableau de Michel-Ange, je sens mieux que jamais qu'il porte un caractère frappant de hâte, et, pour ainsi dire, d'improvisation. Chargé de la besogne artistique de tout un siècle et de tout un pays, le peintre n'avait pu accepter la confection de la fresque dans les conditions ordinaires d'un travail de peinture ; aussi, est-il facile de s'apercevoir que déjà avant la fin de l'œuvre, l'impatience avait gagné l'ouvrier. Beaucoup de figures du dernier plan ne sont que des ébauches, et pour se distraire et s'exciter à finir, le peintre a eu recours à la fantaisie. La fresque de la chapelle Sixtine est moitié une œuvre d'art, moitié une caricature. Il est évident que ces emblèmes, qui dépassent quelquefois les limites du ridicule, ces poses grotesques ou obscènes, indiquent clairement la lassitude du sujet, et la nécessité de rentrer dans l'actualité, pour achever l'œuvre au moyen d'une inspiration factice. Ces hommes, qui grimacent, ces figures qui se tordent, ce sont des ennemis, des critiques, des envieux, auxquels Michel-Ange a imposé la vengeance de ses pinceaux, comme autrefois le Dante leur avait imposé celle de sa plume. Michel-Ange avait commencé un tableau, il a signé un pamphlet. »

On peut, certes, parler de l'énergie et de la portée de l'homme qui a pu ajouter à sa traduction un tel commentaire.

JEANRON.

Paris. — Imp. de P. BAUDOUIN, rue Mignon, 2.